RIZ

# Risotto

## Bellissimo!

Valéry Drouet

Photographies de Pierre-Louis Viel

Albums LAROUSSE

# Sommaire

RISOTTOS DE POISSONS ET FRUITS DE MER



RISOTTOS SUCRÉS

Carnaroli
Rond
Arborio
Venere

# Pour une réussite assurée !

La base d'un risotto est toujours la même. Du riz, du vin blanc sec et un liquide pour la cuisson, le plus souvent un bouillon, de légumes ou de volaille pour les risottos aux légumes et à la viande, ou un fumet de poisson pour les risottos au poisson et aux fruits de mer. Sa cuisson est délicate, car il faut sans cesse le surveiller, le remuer et veiller à remettre du liquide au fur et à mesure.

À table, servez votre risotto accompagné d'un beau morceau de « vrai » parmigiano que vous râpez dessus au dernier moment !

## Quelques conseils pour la cuisson

Le risotto est excellent quand sa cuisson est al dente comme celle des pâtes, c'est pourquoi 17 à 18 minutes de cuisson suffisent. Préparez toujours votre risotto au dernier moment, car si vous le faites attendre, il deviendra collant, trop épais et trop cuit. Gardez toujours un peu de bouillon pour la fin de la cuisson : vous l'ajouterez au risotto hors du feu pour stopper sa cuisson.

Nacrez bien le riz avant de verser le vin blanc, toujours à feu doux et sans coloration. Il doit devenir translucide.

Le bouillon ou le fumet doivent toujours être versés très chauds sur le riz. Attention, si vous utilisez des cubes de bouillon, ne salez pas le risotto, ils s'en chargent très bien…

Enfin, ajoutez toujours le beurre froid coupé en morceaux et le parmesan râpé au dernier moment. Ces deux éléments servent à lier et à donner sa consistance onctueuse au risotto.

Un risotto cuit à point doit former « la vague » quand, en fin de cuisson, on le mélange avec une spatule : autrement dit, il doit être liquide… mais pas trop.

## Quel riz choisir?

Le riz le plus utilisé pour confectionner un risotto est le riz *arborio* qui a des grains assez gros. Mais il existe d'autres variétés de riz, comme le *vialone nano* ou le *carnaroli*, qui ont des grains plus fins. Le riz rond classique convient également, mais il a beaucoup moins de goût et de consistance. Dans tous les cas, ne rincez jamais le riz pour ne pas éliminer l'amidon qui sert de liaison au risotto.

# Le risotto pas à pas

PRÉPARATION : 20 MIN
CUISSON : 25 MIN

> 1 l de bouillon de légumes
> 2 cuill. à soupe d'huile d'olive
> 1 oignon
> 300 g de riz arborio
> 15 cl de vin blanc
> 50 g de beurre
> 50 g de parmesan râpé
> sel et poivre du moulin

## Étape 1

C'est l'étape de préparation.
Faites chauffer le bouillon.
Préparez les éventuels ingrédients et garnitures à ajouter à votre risotto.

## Étape 2

Nacrez le riz.
Faites chauffer de l'huile dans une casserole. Faites-y revenir un oignon haché, puis ajoutez le riz. Remuez jusqu'à ce qu'il soit translucide. Attention, ne le laissez pas se colorer. Versez le vin blanc et laissez cuire pendant 5 minutes.

## Étape 3

C'est la cuisson à proprement parler. Versez environ 30 cl de bouillon chaud dans la casserole. Remuez toujours, en ajoutant du bouillon, louche par louche, au fur et à mesure qu'il est absorbé par le riz. Comptez environ 17 ou 18 minutes de cuisson. Quelques minutes avant la fin de la cuisson, ajoutez la garniture éventuelle.

## Étape 4

Retirez la casserole du feu.
Ajoutez le beurre coupé en morceaux et le parmesan râpé.
Mélangez pour bien en enrober le riz et servez immédiatement.

Si vous préférez un risotto un peu plus fort en goût, utilisez de la riquette, une variété de roquette au goût plus épicé.

# Risotto à la roquette et aux tomates cerises

PRÉPARATION : 20 MIN
CUISSON : 25 MIN

POUR 4 PERSONNES

> 1 l de bouillon de légumes
> 1 gousse d'ail
> 120 g de roquette
> 4 cuill. à soupe d'huile d'olive
> 3 échalotes
> 300 g de riz arborio
> 15 cl de vin blanc
> 20 tomates cerises
> 50 g de beurre
> 50 g de parmesan râpé
> sel et poivre du moulin

Chauffez le bouillon dans une casserole. Hachez l'ail et la roquette. Faites-les fondre dans une autre casserole pendant 2 minutes sans coloration avec 1 cuillerée à soupe d'huile d'olive. Ajoutez 15 cl de bouillon, laissez bouillir 1 minute, puis mixez pour obtenir un coulis vert.

Hachez les échalotes, puis faites-les fondre pendant 3 minutes sans coloration dans une casserole avec 2 cuillerées à soupe d'huile d'olive. Ajoutez le riz, nacrez-le, puis versez le vin blanc. Salez, poivrez et laissez cuire 5 minutes à feu vif.

Versez 30 cl de bouillon chaud, laissez cuire 15 ou 16 minutes, en remuant et en ajoutant du bouillon au fur et à mesure qu'il est absorbé par le riz. Pendant ce temps, poêlez les tomates cerises pendant 3 minutes à feu vif dans l'huile restante. Salez et poivrez. Incorporez au riz le coulis de roquette et les tomates cerises. Laissez cuire encore 2 ou 3 minutes.

Hors du feu, ajoutez le beurre coupé en morceaux et le parmesan. Mélangez pour bien en enrober le riz et servez aussitôt.

Les champignons apportent une note délicate à ce risotto aux saveurs boisées.

# Risotto aux champignons sauvages

PRÉPARATION : 30 MIN

CUISSON : 25 MIN

POUR 4 PERSONNES

> 1 l de bouillon de légumes
> 1 gousse d'ail
> 200 g de cèpes
> 150 g de girolles
> 100 g de mousserons (en vente dans les magasins de fruits et légumes)
> 60 g de beurre
> 2 échalotes
> 2 cuill. à soupe d'huile d'olive
> 300 g de riz arborio
> 15 cl de vin blanc sec
> 50 g de parmesan
> sel et poivre du moulin

Chauffez le bouillon dans une casserole. Hachez l'ail. Nettoyez les champignons, coupez les cèpes et les girolles en morceaux. Saisissez les champignons et la gousse d'ail hachée 3 ou 4 minutes dans une poêle avec 30 g de beurre.

Hachez les échalotes. Faites-les fondre 3 minutes à feu doux dans une casserole avec l'huile d'olive. Ajoutez le riz, nacrez-le, puis versez le vin blanc. Laissez cuire 5 minutes à feu vif.

Versez 30 cl de bouillon chaud sur le riz, salez, poivrez et laissez cuire 17 ou 18 minutes à feu moyen, en remuant et en ajoutant du bouillon, au fur et à mesure qu'il est absorbé par le riz. Quelques minutes avant la fin de la cuisson, incorporez les champignons au risotto.

Hors du feu, ajoutez le reste du beurre froid coupé en morceaux et le parmesan. Mélangez pour bien en enrober le riz et dégustez aussitôt.

**CONSEIL :** Vous pouvez utiliser des poêlées de champignons surgelés toutes prêtes. Saisissez-les dans la poêle sans les décongeler, en augmentant simplement le temps de cuisson.

Ce risotto coloré aux petits légumes a un petit goût de Sud et de soleil !

# Risotto aux petits légumes

PRÉPARATION : 30 MIN

CUISSON : 25 MIN

POUR 4 PERSONNES

> 1 poivron rouge
> 1 poivron vert
> 1 poivron orange
> 1 l de bouillon de légumes
> 1 oignon rouge
> 2 petits oignons nouveaux
> 3 cuill. à soupe d'huile d'olive
> 300 g de riz carnaroli
> 15 cl de vin blanc sec
> 20 petites olives (de préférence de Nice)
> 50 g de beurre
> 50 g de parmesan râpé
> sel et poivre du moulin

Nettoyez les poivrons, retirez les membranes blanches à l'intérieur et taillez-les en petits cubes. Chauffez le bouillon dans une casserole.

Hachez l'oignon rouge et les oignons nouveaux. Faites-les fondre sans coloration pendant 2 minutes, dans une casserole avec l'huile d'olive. Ajoutez les cubes de poivron, laissez-les cuire 3 minutes à feu moyen en remuant. Ajoutez le riz, nacrez-le, puis versez le vin blanc. Salez et poivrez. Laissez cuire 5 minutes à feu vif.

Versez 30 cl de bouillon chaud, laissez cuire le riz 17 ou 18 minutes à feu moyen, en remuant et en ajoutant du bouillon, au fur et à mesure qu'il est absorbé par le riz.

À la fin de la cuisson, hors du feu, ajoutez les olives, le beurre froid en morceaux et le parmesan. Mélangez pour bien en enrober le riz et servez aussitôt.

**CONSEIL :** Ce risotto sera encore plus parfumé si vous ajoutez 1 cuillerée à soupe de pesto en même temps que le parmesan et le beurre.

Effet de suprise garanti avec ce riz noir ! Il est délicieux nature, laissez donc chaque convive libre de mettre du parmesan râpé, avant de le savourer.

# Risotto de riz venere

PRÉPARATION : 10 MIN

CUISSON : 45 À 50 MIN

POUR 4 PERSONNES

> 90 cl de bouillon de légumes
> 1 oignon
> 2 cuill. à soupe d'huile d'olive
> 250 g de riz venere (en épicerie fine)
> 50 g de beurre
> 40 g de parmesan râpé (facultatif)
> sel et poivre du moulin

Chauffez le bouillon dans une casserole.

Hachez l'oignon. Faites-le fondre sans coloration pendant 3 minutes dans une casserole avec l'huile d'olive, à feu doux. Ajoutez le riz, nacrez-le, jusqu'à ce qu'il soit brillant et lustré.

Versez 30 cl de bouillon de légumes chaud dans la casserole. Salez et poivrez. Laissez cuire le riz de 45 à 50 minutes à feu moyen, en remuant et en ajoutant du bouillon, au fur et à mesure qu'il est absorbé par le riz.

À la fin de la cuisson, ajoutez, hors du feu, le beurre froid coupé en petits morceaux. Mélangez pour bien en enrober le riz et servez aussitôt.

C'est le traditionnel « Risi e bisi » vénitien !

# Risotto aux petits pois et à la menthe

PRÉPARATION : 30 MIN

CUISSON : 25 MIN

POUR 4 PERSONNES

- > 1,1 l de bouillon de légumes
- > 12 feuilles de menthe
- > 60 g de beurre ramolli
- > 200 g de petits pois frais ou surgelés
- > 1 oignon
- > 3 cuill. à soupe d'huile d'olive
- > 300 g de riz carnaroli
- > 15 cl de vin blanc sec
- > 50 g de parmesan râpé
- > sel et poivre du moulin

Chauffez le bouillon dans une casserole. Hachez les feuilles de menthe, mélangez-les dans un bol avec le beurre ramolli. Formez un boudin de beurre à la menthe dans une feuille de film alimentaire. Placez-le au congélateur 20 minutes pour le faire durcir rapidement. Faites cuire les petits pois pendant 5 minutes dans une casserole d'eau bouillante salée, puis rafraîchissez-les sous l'eau froide et égouttez-les.

Hachez l'oignon. Faites-le fondre sans coloration pendant 3 minutes avec l'huile d'olive dans une casserole, à feu doux. Ajoutez le riz, nacrez-le puis versez le vin blanc dans la casserole. Salez et poivrez. Laissez cuire 5 minutes à feu vif.

Versez 30 cl de bouillon chaud, faites cuire le riz 17 ou 18 minutes, en remuant et en ajoutant du bouillon au fur et à mesure qu'il est absorbé par le riz. 5 minutes avant la fin de cuisson, ajoutez les petits pois.

À la fin de la cuisson, ajoutez, hors du feu, le beurre à la menthe coupé en morceaux et le parmesan. Mélangez pour bien en enrober le riz et servez aussitôt.

**VARIANTE :** À la place de la menthe, utilisez des feuilles de sauge hachées.

Un risotto réservé aux grands jours, auquel la truffe apporte une note de finesse incomparable…

# Risotto crémeux à la truffe

PRÉPARATION : 15 MIN

CUISSON : 20 MIN

POUR 4 PERSONNES

> 70 cl de bouillon de légumes
> 1/2 oignon
> 3 cuill. à soupe d'huile d'olive
> 220 g de riz arborio
> 10 cl de vin blanc sec
> 40 g de beurre
> 30 g de truffes avec leur jus
> 40 g de parmesan râpé
> 1 cuill. à soupe de crème fraîche épaisse
> sel et poivre du moulin

Faites chauffer le bouillon dans une casserole.

Hachez le demi-oignon. Faites-le fondre sans coloration pendant 3 minutes avec l'huile d'olive dans une casserole, à feu doux. Ajoutez le riz, nacrez-le puis versez le vin blanc. Salez et poivrez. Laissez cuire 5 minutes à feu vif.

Ajoutez 25 cl de bouillon chaud dans la casserole, laissez cuire 17 ou 18 minutes à feu moyen, en remuant et en ajoutant du bouillon, au fur et à mesure qu'il est absorbé par le riz.

À la fin de la cuisson, hors du feu, ajoutez le beurre froid coupé en morceaux, les truffes hachées, le jus de truffe et le parmesan. Mélangez pour bien en enrober le riz, puis ajoutez la crème fraîche. Servez aussitôt.

**VARIANTE :** Remplacez la crème fraîche par 1 cuillerée à soupe de mascarpone.

Pour un délicieux contraste croquant-crémeux, parsemez le risotto de cerneaux de noix concassés et grillés, au moment de servir.

# Risotto aux poires et au gorgonzola

PRÉPARATION : 15 MIN

CUISSON : 25 MIN

POUR 4 PERSONNES

> 2 petites poires
> 60 g de beurre
> 1 cuill. à café de miel liquide
> 1l de bouillon de légumes
> 2 échalotes
> 2 cuill. à soupe d'huile d'olive
> 300 g de riz arborio
> 15 cl de vin blanc sec
> 1 cuill. à soupe de crème fraîche épaisse
> 100 g de gorgonzola
> sel et poivre du moulin

Épluchez et taillez les poires en petits morceaux. Faites-les dorer 2 minutes dans une poêle avec 20 g de beurre. Ajoutez le miel, laissez-les légèrement caraméliser, puis réservez-les au chaud. Faites chauffer le bouillon dans une casserole.

Hachez les échalotes. Faites-les fondre sans coloration pendant 3 minutes avec l'huile d'olive dans une casserole, à feu doux. Ajoutez le riz, nacrez-le, puis versez le vin blanc. Laissez cuire 5 minutes à feu vif.

Versez 30 cl de bouillon chaud. Salez et poivrez. Faites cuire 17 ou 18 minutes à feu moyen, en remuant et en ajoutant du bouillon, au fur et à mesure qu'il est absorbé par le riz.

À la fin de la cuisson, ajoutez, hors du feu, la crème fraîche épaisse, le reste du beurre froid coupé en morceaux, les poires caramélisées et le gorgonzola coupé en morceaux. Mélangez pour bien enrober le riz de tous ces ingrédients et servez aussitôt.

Le garam masala est un mélange de cardamome, de cumin, de clous de girofle, de cannelle et de noix de muscade très utilisé dans la cuisine indienne. Il est délicieux dans ce risotto.

# Risotto de volaille biryani

PRÉPARATION : 30 MIN

CUISSON : 35 MIN

POUR 4 PERSONNES

> 80 cl de bouillon de volaille
> 300 g de blancs de volaille
> 2 gousses d'ail
> 10 g de gingembre frais
> 5 cl d'huile d'olive
> 3 pincées de pistils de safran
> 1 cuill. à café de garam masala (au rayon épices des magasins d'alimentation biologique)
> 1/2 cuill. à café de cannelle en poudre
> 1/2 cuill. à café de curcuma en poudre
> 60 g de noix de cajou
> 1 oignon
> 250 g de riz arborio
> 10 cl de vin blanc
> 40 g de beurre
> 1 bouquet de coriandre
> 3 portions de La vache qui rit®
> sel et poivre du moulin

Chauffez le bouillon dans une casserole. Coupez les blancs de volaille en petits morceaux. Hachez l'ail et le gingembre. Faites-les fondre pendant 2 minutes dans une poêle à feu doux, avec la moitié de l'huile d'olive. Ajoutez les morceaux de volaille, faites-les dorer, puis versez les épices et les noix de cajou. Salez et poivrez. Laissez griller le tout pendant 5 minutes à feu moyen en remuant, puis versez 5 cl de bouillon dans la poêle pour la déglacer. Éteignez le feu.

Hachez l'oignon et faites-le fondre pendant 3 minutes avec l'huile d'olive restante dans une casserole à feu doux. Ajoutez le riz, nacrez-le puis versez le vin blanc. Laissez cuire 5 minutes à feu vif.

Versez 25 cl de bouillon chaud, faites cuire le riz 17 ou 18 minutes à feu moyen, en remuant et en ajoutant du bouillon, au fur et à mesure qu'il est absorbé par le riz. De 5 à 7 minutes avant la fin de la cuisson du riz, incorporez les blancs de volaille épicés.

À la fin de la cuisson, hors du feu, ajoutez le beurre froid coupé en morceaux, les feuilles de coriandre hachées et les portions de La vache qui rit® dans le risotto. Mélangez pour bien en enrober le riz et dégustez aussitôt.

**CONSEIL :** Parsemez le risotto d'amandes effilées grillées au moment de servir. Pour cela, grillez les amandes effilées à sec dans une poêle, en remuant sans cesse pour éviter qu'elles ne brûlent.

En été, réalisez la purée verte uniquement avec des herbes fraîches, basilic, persil, cerfeuil, estragon… Vous pouvez ajouter quelques pignons de pin grillés dans le risotto en fin de cuisson.

# Risotto vert au jambon de Parme croustillant

PRÉPARATION : 20 MIN

CUISSON : 20 MIN

POUR 4 PERSONNES

> 1 l de bouillon de volaille
> 50 g de roquette
> 50 g de pousses d'épinards
> 20 feuilles de basilic
> 1 oignon
> 3 cuill. à soupe d'huile d'olive
> 300 g de riz arborio
> 15 cl de vin blanc sec
> 4 tranches de jambon de Parme
> 50 g de beurre
> 60 g de parmesan râpé
> sel et poivre du moulin

Chauffez le bouillon dans une casserole. Lavez et égouttez la roquette et les pousses d'épinards. Mixez-les pendant quelques secondes avec le basilic et 10 cl de bouillon chaud, pour obtenir une purée légèrement liquide.

Hachez l'oignon. Faites-le fondre sans coloration pendant 3 minutes, dans une casserole avec 2 cuillerées à soupe d'huile d'olive. Ajoutez le riz, nacrez-le. Versez le vin blanc et laissez cuire 5 minutes à feu vif.

Versez 30 cl de bouillon chaud. Salez et poivrez. Chauffez à feu moyen 17 ou 18 minutes, en remuant et en ajoutant du bouillon, au fur et à mesure qu'il est absorbé. Taillez le jambon en fines lanières, faites-les rissoler 2 minutes dans une poêle avec l'huile restante. 2 minutes avant la fin de cuisson du riz, versez la purée d'épinards et de roquette dans le risotto.

À la fin de la cuisson, hors du feu, ajoutez le beurre froid coupé en morceaux et le parmesan. Mélangez pour bien en enrober le riz et servez aussitôt avec les lanières de jambon rissolées.

Ce risotto sera tout aussi crémeux et savoureux avec des tranches de bacon taillées en lanières et dorées à la poêle à la place des lardons.

# Risotto aux lardons et aux noisettes

PRÉPARATION : 20 MIN

CUISSON : 20 MIN

POUR 4 PERSONNES

> 90 cl de bouillon de volaille
> 1 oignon
> 2 cuill. à soupe d'huile de noisette
> 300 g de riz arborio
> 15 cl de vin blanc sec
> 200 g de lardons
> 80 g de noisettes
> 50 g de beurre
> 60 g de parmesan râpé
> sel et poivre du moulin

Chauffez le bouillon dans une casserole.

Hachez l'oignon. Faites-le fondre pendant 2 minutes à feu doux dans une casserole avec l'huile de noisette. Ajoutez le riz, nacrez-le, puis versez le vin blanc. Faites bouillir 4 ou 5 minutes à feu vif. Salez et poivrez.

Versez 30 cl de bouillon chaud. Laissez cuire 17 ou 18 minutes en remuant et en ajoutant du bouillon, au fur et à mesure qu'il est absorbé par le riz. Pendant ce temps, saisissez les lardons 4 ou 5 minutes à feu vif dans une poêle, pour les faire dorer. Égouttez-les sur du papier absorbant. Concassez les noisettes et faites-les griller quelques minutes dans une poêle ou sous le gril du four préchauffé.

À la fin de la cuisson, hors du feu, ajoutez les lardons, le beurre froid coupé en morceaux et le parmesan. Mélangez pour bien en enrober le riz, servez aussitôt dans des assiettes et parsemez de noisettes grillées.

Ce risotto est un peu piquant
et tout à fait surprenant !

# Risotto aux merguez et piment doux

PRÉPARATION : 15 MIN

CUISSON : 30 MIN

POUR 4 PERSONNES

> 80 cl de bouillon de volaille
> 4 merguez à faible teneur en M.G.
> 2 cuill. à soupe d'huile d'olive
> 1 piment rouge
> 1 oignon
> 1 gousse d'ail
> 280 g de riz arborio
> 10 cl de vin blanc sec
> 1 cuill. à café de piment doux en poudre
> 50 g de beurre
> 50 g de parmesan râpé
> 2 ciboules (à défaut, tiges d'oignons nouveaux)
> sel et poivre du moulin

Chauffez le bouillon dans une casserole. Coupez les merguez en morceaux, faites-les à cuire de 6 à 8 minutes à feu moyen dans une poêle avec l'huile d'olive, en les retournant souvent. Réservez les merguez au chaud et versez le jus de cuisson dans une casserole.

Émincez le piment. Hachez l'oignon et l'ail. Faites fondre le piment, l'oignon et l'ail dans la casserole contenant le jus de cuisson des merguez pendant 3 minutes à feu doux. Ajoutez le riz, nacrez-le, puis versez le vin blanc dessus. Laissez cuire 5 minutes à feu vif. Salez et poivrez.

Versez 30 cl de bouillon chaud sur le riz, saupoudrez de piment en poudre. Laissez cuire 17 ou 18 minutes en remuant et en versant du bouillon, au fur et à mesure qu'il est absorbé par le riz.

À la fin de la cuisson, mettez les merguez dans le riz. Ajoutez le beurre froid en morceaux et le parmesan. Mélangez pour bien en enrober le riz. Servez aussitôt, parsemé de ciboules hachées.

**VARIANTE :** Pour un risotto plus doux, remplacez les merguez par des chipolatas et le piment rouge par un demi-poivron.

En fin de cuisson, une grosse poignée de roquette hachée et quelques feuilles de basilic ciselées apporteront une petite touche de vert à ce risotto de pâtes pas comme les autres !

# Risotto de pâtes au chorizo et aux olives

PRÉPARATION : 15 MIN

CUISSON : 15 MIN

POUR 4 PERSONNES

> 1,2 l de bouillon de volaille
> 120 g de chorizo piquant
> 1 gros oignon rouge
> 3 cuill. à soupe d'huile d'olive
> 400 g de pipe rigate (pâtes alimentaires en forme de coude)
> 1 cuill. à café de piment en poudre
> 50 g de beurre
> 60 g de parmesan râpé
> 100 g de petites olives noires
> sel et poivre du moulin

Chauffez le bouillon dans une casserole. Retirez la peau du chorizo, coupez-le en petits morceaux.

Hachez l'oignon. Faites-le fondre pendant 3 minutes sans coloration avec l'huile d'olive, dans une casserole à feu doux. Ajoutez les pâtes, le piment en poudre et un quart des morceaux de chorizo et mélangez.

Versez 40 cl de bouillon chaud. Salez et poivrez, puis laissez cuire 12 minutes à feu moyen en remuant et en ajoutant du bouillon, au fur et à mesure qu'il est absorbé par les pâtes.

À la fin de la cuisson, hors du feu, ajoutez le chorizo restant, le beurre froid coupé en morceaux, le parmesan et les olives noires. Mélangez pour bien en enrober les pâtes et servez ausitôt.

Un risotto de coquillettes ?
Les enfants vont adorer !

# Risotto de coquillettes au jambon

PRÉPARATION : 10 MIN

CUISSON : 15 MIN

POUR 4 PERSONNES

> 75 cl de bouillon de volaille
> 1 tranche de jambon de 3 mm d'épaisseur (soit 220 g environ)
> 1/4 d'oignon
> 2 cuill. à soupe d'huile d'olive
> 250 g de coquillettes
> 16 tomates cerises rouges et jaunes
> 30 g de beurre
> 25 g de parmesan râpé
> sel et poivre du moulin

Chauffez le bouillon dans une casserole. Taillez le jambon en petits cubes.

Hachez l'oignon. Faites-le fondre pendant 2 minutes sans coloration avec l'huile d'olive dans une casserole. Ajoutez les pâtes, mélangez pour les enrober légèrement dans l'huile.

Versez 25 cl de bouillon chaud et les tomates cerises entières lavées. Salez et poivrez, puis laissez cuire 12 minutes à feu moyen, en remuant et en ajoutant du bouillon, au fur et à mesure qu'il est absorbé par les pâtes.

À la fin de la cuisson des pâtes, hors du feu, ajoutez les cubes de jambon, le beurre coupé en morceaux et le parmesan. Mélangez pour bien en enrober les pâtes et servez aussitôt.

**VARIANTE :** N'hésitez pas à remplacer le parmesan par du gruyère râpé.

A Table!

Si vous optez pour des encornets surgelés, faites-les cuire en deux fois pour leur faire rejeter le maximum d'eau.

# Risotto aux encornets à l'encre

PRÉPARATION : 20 MIN

CUISSON : 30 MIN

POUR 4 PERSONNES

> 80 cl de fumet de poisson
> 1 oignon
> 5 cl d'huile d'olive
> 250 g de riz arborio
> 10 cl de vin blanc sec
> 500 g d'encornets
> 2 doses (8 g) d'encre de seiche (au rayon frais des supermarchés)
> 40 g de beurre
> 50 g de parmesan râpé
> sel et poivre du moulin

Chauffez le fumet de poisson dans une casserole.

Hachez l'oignon. Faites-le fondre pendant 2 minutes dans une casserole avec la moitié de l'huile d'olive. Ajoutez le riz, nacrez-le. Versez le vin blanc, salez et poivrez, puis laissez cuire 5 minutes à feu vif.

Versez 30 cl de fumet de poisson chaud, laissez cuire 17 ou 18 minutes à feu moyen, en remuant et en ajoutant du fumet de poisson, au fur et à mesure qu'il est absorbé par le riz. Pendant ce temps, coupez les encornets en morceaux et saisissez-les dans une poêle avec le reste d'huile d'olive. Ajoutez 10 cl d'eau, assaisonnez et laissez-les cuire 10 minutes, à feu vif puis égouttez-les dans une passoire.

À la fin de la cuisson du riz, ajoutez les encornets et l'encre de seiche dans le risotto, puis le beurre froid coupé en morceaux et le parmesan. Mélangez pour bien en enrober le riz et servez sans attendre.

L'Espagne et l'Italie se rejoignent ici avec bonheur !

# Risotto paella

PRÉPARATION : 30 MIN
CUISSON : 35 MIN

POUR 4 PERSONNES

> 90 cl de bouillon de volaille
> 60 g de chorizo piquant
> 1 poivron rouge
> 1 oignon
> 1 gousse d'ail
> 4 cuill. à soupe d'huile d'olive
> 300 g de riz arborio
> 15 cl de vin blanc sec
> 3 pincées de pistils de safran ou de mélange d'épices pour paella
> 1 blanc de volaille
> 80 g d'anneaux de calamar
> 8 crevettes roses
> 40 g de beurre
> 40 g de parmesan râpé
> 60 g de moules décortiquées
> sel et poivre du moulin

Chauffez le bouillon dans une casserole. Coupez le chorizo en rondelles fines.

Nettoyez le poivron, coupez-le en lanières. Hachez l'oignon et émincez l'ail. Faites revenir les lanières de poivron pendant 3 minutes dans une casserole à feu moyen avec 2 cuillerées à soupe d'huile d'olive. Ajoutez l'oignon et l'ail, laissez cuire 3 minutes de plus à feu doux. Ajoutez le riz, nacrez-le, puis versez le vin blanc et laissez cuire 5 minutes à feu moyen.

Versez 25 cl de bouillon chaud et le safran sur le riz. Laissez cuire le risotto 17 ou 18 minutes à feu moyen, en remuant et en ajoutant du bouillon, au fur et à mesure qu'il est absorbé par le riz. Pendant ce temps, coupez le blanc de volaille en morceaux et faites-les cuire avec les anneaux de calamar de 5 à 7 minutes à feu moyen, dans une poêle avec le reste d'huile d'olive. Salez et poivrez. Ajoutez cette préparation dans le risotto à mi-cuisson avec les crevettes non décortiquées, les moules et le chorizo.

À la fin de la cuisson, hors du feu, ajoutez le beurre froid coupé en morceaux et le parmesan. Mélangez pour bien en enrober le riz et servez aussitôt.

Ce risotto est tout simplement délicieux. Succès garanti !

# Risotto aux crevettes et aux courgettes

PRÉPARATION : 20 MIN

CUISSON : 30 MIN

POUR 4 PERSONNES

> 400 g de crevettes roses
> 1 courgette
> 90 cl de fumet de poisson
> 2 échalotes
> 1 gousse d'ail
> 4 cuill. à soupe d'huile d'olive
> 300 g de riz arborio
> 10 cl de vin blanc sec
> 50 g de beurre
> 50 g de parmesan râpé
> sel et poivre du moulin

Décortiquez les crevettes. Lavez et coupez la courgette en petits morceaux. Chauffez le fumet de poisson dans une casserole.

Hachez les échalotes et la gousse d'ail. Faites-les fondre sans coloration pendant 3 minutes dans une casserole avec 3 cuillerées à soupe d'huile d'olive. Ajoutez les morceaux de courgette, laissez cuire 3 minutes à feu doux puis ajoutez le riz. Nacrez-le, puis versez le vin blanc. Salez et poivrez. Laissez cuire 5 minutes à feu vif.

Versez 30 cl de fumet chaud, faites cuire le riz 17 ou 18 minutes, en remuant et en ajoutant du fumet, au fur et à mesure qu'il est absorbé par le riz. Pendant ce temps, faites sauter les crevettes 2 minutes dans une poêle avec 1 cuillerée à soupe d'huile d'olive.

À la fin de la cuisson du riz, ajoutez, hors du feu, le beurre froid coupé en morceaux, les crevettes sautées et le parmesan. Mélangez pour bien en enrober le riz et servez aussitôt.

**CONSEIL :** Vous pouvez réaliser un fumet avec les têtes des crevettes et faire ensuite cuire le riz avec.

Pour un goût plus prononcé, vous pouvez utiliser pour la cuisson du risotto un liquide moitié fumet de poisson et moitié jus de coques. Dans ce cas, attention à ne pas trop saler !

# Risotto aux coques

PRÉPARATION : 30 MIN

CUISSON : 30 MIN

POUR 4 PERSONNES

> 80 cl de fumet ou de bouillon de poisson
> 1 gousse d'ail
> 4 cuill. à soupe d'huile d'olive
> 1 kg de grosses coques
> 20 cl de vin blanc sec
> 1 oignon
> 300 g de riz carnaroli
> 70 g de beurre
> 50 g de parmesan râpé
> sel et poivre du moulin

Chauffez le fumet de poisson dans une casserole.
Hachez la gousse d'ail, faites-la fondre dans une casserole avec 2 cuillerées à soupe d'huile d'olive. Ajoutez les coques et 10 cl de vin blanc. Couvrez la casserole, laissez cuire de 6 à 8 minutes à feu vif, en remuant de temps en temps. Décortiquez les coques, filtrez le jus de cuisson pour en récupérer 30 cl environ. Mélangez 20 cl de ce jus avec le fumet chaud et réservez les 10 cl restants dans une petite casserole pour la fin de la recette.

Hachez l'oignon. Faites-le fondre sans coloration pendant 3 minutes, dans une casserole avec le reste d'huile d'olive. Ajoutez le riz, nacrez-le, puis versez le vin blanc restant. Salez et poivrez. Laissez cuire 5 minutes à feu vif.

Ajoutez 30 cl de fumet chaud. Faites cuire 17 ou 18 minutes à feu moyen, en remuant et en ajoutant du fumet, au fur et à mesure qu'il est absorbé par le riz. Pendant ce temps, portez à ébullition les 10 cl de jus de cuisson des coques réservés précédemment avec 20 g de beurre. Émulsionnez avec un mixeur pour obtenir un jus mousseux.

À la fin de la cuisson, hors du feu, ajoutez le beurre froid restant coupé en morceaux, les coques décortiquées et le parmesan. Mélangez pour bien en enrober le riz. Répartissez le risotto dans des assiettes, nappez de jus de coques mousseux et servez aussitôt.

Pour plus de goût, préférez des coquilles Saint-Jacques fraîches, et réalisez un fumet avec les barbes qui entourent la noix des coquilles.

# Risotto safrané aux saint-jacques

PRÉPARATION : 10 MIN

CUISSON : 25 MIN

POUR 4 PERSONNES

> 90 cl de fumet de poisson
> 3 échalotes
> 3 cuill. à soupe d'huile d'olive
> 300 g de riz arborio
> 15 cl de vin blanc sec
> 3 pincées de pistils de safran
> 12 noix de saint-jacques sans corail
> 50 g de beurre
> 50 g de parmesan
> sel et poivre du moulin

Chauffez le fumet de poisson dans une casserole.

Hachez les échalotes. Faites-les fondre pendant 2 minutes dans une casserole avec 2 cuillerées à soupe d'huile d'olive. Ajoutez le riz, nacrez-le, puis versez le vin blanc dessus. Salez et poivrez, puis laissez cuire 5 minutes à feu vif.

Versez 30 cl de fumet chaud, ajoutez le safran et laissez cuire 17 ou 18 minutes à feu moyen, en remuant et en ajoutant du fumet, au fur et à mesure qu'il est absorbé par le riz. Pendant ce temps, coupez les noix de saint-jacques en deux dans l'épaisseur, puis saisissez-les à feu vif 1 minute de chaque côté, dans une poêle avec le reste d'huile d'olive. Salez et poivrez.

À la fin de la cuisson, hors du feu, ajoutez le beurre froid coupé en morceaux et le parmesan. Mélangez pour bien en enrober le riz, ajoutez les saint-jacques et servez aussitôt.

Un risotto coloré et gourmand ! Pour gagner du temps, préférez du crabe décortiqué surgelé.

# Risotto au crabe et aux carottes

PRÉPARATION : 25 MIN

CUISSON : 25 MIN

POUR 4 PERSONNES

> 1 l de fumet de poisson
> 350 g de pinces de crabe fraîches cuites
> 200 g de carottes
> 1 oignon
> 3 cuill. à soupe d'huile d'olive
> 300 g de riz arborio
> 15 cl de vin blanc sec
> 1 cuill. à café de graines de carvi
> 50 g de beurre
> 50 g de parmesan râpé
> sel et poivre du moulin

Chauffez le fumet de poisson dans une casserole. Décortiquez les pinces de crabe. Épluchez et taillez les carottes en petits cubes.

Hachez l'oignon. Faites-le fondre sans coloration avec les cubes de carottes pendant 3 minutes, dans une casserole avec 2 cuillerées à soupe d'huile d'olive. Ajoutez le riz, nacrez-le, puis versez le vin blanc. Salez, poivrez et laissez cuire 5 minutes à feu vif.

Versez 30 cl de fumet chaud, laissez cuire 17 ou 18 minutes, en remuant et en ajoutant du fumet, au fur et à mesure qu'il est absorbé par le riz. Pendant ce temps, faites dorer pendant 2 minutes les pinces de crabe et les graines de carvi avec l'huile d'olive restante dans une poêle. 2 minutes avant la fin de la cuisson du riz, ajoutez dans le risotto les pinces de crabe au carvi.

À la fin de la cuisson, hors du feu, ajoutez le beurre froid coupé en morceaux et le parmesan. Mélangez pour bien en enrober le riz et servez aussitôt.

# Risotto aux gambas à l'anis

PRÉPARATION : 20 MIN
CUISSON : 45 MIN

POUR 4 PERSONNES

> 500 g de gambas
> 1 gousse d'ail
> 4 échalotes
> 5 cl d'huile d'olive
> 2 anis étoilés (ou badiane)
> 300 g de riz arborio
> 10 cl de vin blanc sec
> 50 g de beurre
> 50 g de parmesan râpé
> sel et poivre du moulin

Décortiquez les gambas. Coupez les queues en deux, réservez-les au frais. Hachez l'ail et 2 échalotes. Faites-les fondre 2 minutes dans une casserole avec 1 cuillerée à soupe d'huile. Saisissez-y les carapaces 2 minutes à feu vif, en remuant. Versez 1,2 l d'eau, les anis étoilés et laissez mijoter 20 minutes à feu moyen. Filtrez le jus dans une passoire fine pour avoir 1 l de fumet.

Hachez 2 échalotes. Faites-les fondre pendant 3 minutes dans une casserole avec 2 cuillerées à soupe d'huile. Ajoutez le riz, nacrez-le, puis versez le vin blanc. Laissez cuire 5 minutes à feu vif.

Versez 30 cl de fumet chaud, salez et poivrez. Faites cuire 17 ou 18 minutes à feu moyen, remuez et ajoutez du fumet au fur et à mesure. Saisissez les gambas 2 minutes dans l'huile restante.

Hors du feu, ajoutez au risotto le beurre froid coupé en morceaux, le parmesan et les gambas. Mélangez pour enrober le riz et servez.

# Risotto de homard au beurre d'herbes

PRÉPARATION : 40 MIN
CUISSON : 25 MIN

POUR 4 PERSONNES

> 2 petits homards cuits
> 3 branches d'estragon et 3 de cerfeuil
> 60 g de beurre ramolli
> 20 g d'amandes en poudre
> 60 cl de fumet de poisson
> 2 échalotes
> 2 cuill. à soupe d'huile d'olive
> 300 g de riz arborio
> 15 cl de vin blanc sec
> 10 cl de bisque de homard en conserve
> 10 cl de champagne
> 30 g de parmesan râpé
> sel et poivre du moulin

Décortiquez les homards, gardez le corail et coupez la chair en morceaux. Hachez les herbes, mélangez-les avec le corail, le beurre ramolli et les amandes. Salez et poivrez. Réservez le beurre au frais. Chauffez le fumet dans une casserole.

Hachez les échalotes. Faites-les fondre 2 minutes à feu doux dans une casserole avec l'huile d'olive. Ajoutez le riz, nacrez-le, puis versez le vin blanc. Laissez cuire 5 minutes à feu vif.

Ajoutez 30 cl de fumet chaud, laissez cuire le risotto 17 ou 18 minutes à feu moyen, en remuant et en ajoutant du fumet, au fur et à mesure qu'il est absorbé par le riz. 5 minutes avant la fin de la cuisson, ajoutez la bisque de homard et le champagne.

Hors du feu, ajoutez le beurre aux herbes froid coupé en morceaux et le parmesan. Mélangez pour bien en enrober le riz, puis ajoutez les morceaux de homard. Servez aussitôt.

Ajoutez, si vous le souhaitez, un anis étoilé dans le risotto pendant la cuisson. Non seulement il accentuera la saveur du fenouil, mais en plus, il décorera le risotto !

# Risotto au fenouil et au bar

PRÉPARATION : 20 MIN

CUISSON : 30 MIN

POUR 4 PERSONNES

> 80 cl de fumet de poisson
> 400 g de filets de bar
> 1 oignon
> 1 bulbe de fenouil
> 4 cuill. à soupe d'huile d'olive
> 300 g de riz arborio
> 3 cuill. à soupe de pastis
> 15 cl de vin blanc sec
> 50 g de beurre
> 50 g de parmesan râpé
> 2 branches d'aneth
> 1 cuill. à soupe de graines de fenouil
> sel et poivre du moulin

Chauffez le fumet de poisson dans une casserole. Coupez les filets de bar en morceaux.

Émincez l'oignon et le fenouil. Faites fondre l'oignon pendant 2 minutes dans une casserole avec la moitié de l'huile d'olive. Ajoutez le fenouil émincé et les graines, salez et poivrez, puis laissez cuire 10 minutes à feu moyen. Ajoutez le riz, nacrez-le, puis versez le pastis et le vin blanc, laissez cuire 5 minutes à feu vif.

Versez 30 cl de fumet chaud, laissez cuire le risotto 17 ou 18 minutes, en remuant et en ajoutant du fumet, au fur et à mesure qu'il est absorbé par le riz. Pendant ce temps, faites revenir les morceaux de bar 3 minutes dans une poêle, avec l'huile d'olive restante.

À la fin de la cuisson du riz, ajoutez, hors du feu, le beurre froid coupé en morceaux et le parmesan. Mélangez pour bien en enrober le riz, servez avec le bar et parsemez d'aneth ciselé.

Attention à ne pas trop saler en cours de cuisson, le saumon fumé l'étant déja beaucoup…

# Risotto au saumon fumé

PRÉPARATION : 20 MIN

CUISSON : 25 MIN

POUR 4 PERSONNES

> 1 l de fumet de poisson
> 10 feuilles de basilic frais
> 50 g de beurre ramolli
> 1 oignon
> 2 cuill. à soupe d'huile d'olive
> 300 g de riz arborio
> 15 cl de vin blanc sec
> 150 g de saumon fumé (si possible non tranché)
> 40 g de parmesan râpé
> sel et poivre du moulin

Chauffez le fumet de poisson dans une casserole. Ciselez les feuilles de basilic, mélangez-les dans un bol avec le beurre ramolli. Formez un boudin de beurre au basilic en l'enroulant dans une feuille de film alimentaire. Placez-le 20 minutes au congélateur pour le faire durcir rapidement.

Hachez l'oignon. Faites-le fondre sans coloration pendant 3 minutes à feu doux, dans une casserole avec l'huile d'olive. Ajoutez le riz, nacrez-le, puis versez le vin blanc. Salez et poivrez. Laissez cuire 5 minutes à feu vif.

Versez 30 cl de fumet de poisson chaud dans la casserole, et faites cuire le riz 17 ou 18 minutes à feu moyen, en remuant et en ajoutant du fumet de poisson, au fur et à mesure qu'il est absorbé par le riz. Pendant ce temps, détaillez le saumon fumé en petits morceaux.

À la fin de la cuisson, hors du feu, ajoutez les morceaux de saumon fumé, le beurre au basilic froid coupé en morceaux et le parmesan. Mélangez pour bien en enrober le riz et servez immédiatement.

CASA DEL

Haddock et poireau se marient harmonieusement dans ce risotto.

# Risotto au haddock et au poireau

PRÉPARATION : 20 MIN

CUISSON : 25 MIN

POUR 4 PERSONNES

> 1 l de fumet de poisson
> 1 gros poireau
> 1 oignon rouge
> 3 cuill. à soupe d'huile d'olive
> 300 g de riz arborio
> 15 cl de vin blanc sec
> 350 g de haddock
> 40 g de beurre
> 50 g de parmesan râpé
> sel et poivre du moulin

Chauffez le fumet de poisson dans une casserole. Détaillez le poireau en petits morceaux, lavez-les. Retirez la peau des filets de haddock, coupez ceux-ci en petits dés.

Hachez l'oignon. Faites-le fondre sans coloration pendant 3 minutes dans une casserole avec l'huile d'olive. Mettez les morceaux de poireau, laissez-les mijoter 3 minutes à feu doux et ajoutez le riz. Nacrez-le, puis versez le vin blanc. Salez, poivrez et laissez cuire 5 minutes à feu vif.

Versez 30 cl de fumet chaud. Faites cuire 18 minutes à feu moyen, en remuant et en ajoutant du fumet, au fur et à mesure qu'il est absorbé par le riz. Ajoutez, 5 minutes avant la fin de cuisson du riz, les morceaux de haddock et la dernière louche de fumet.

À la fin de la cuisson, ajoutez le beurre froid coupé en morceaux et le parmesan. Mélangez pour bien en enrober le riz et servez aussitôt.

**CONSEIL :** Pour avoir des morceaux de poireau plus croquants, faites-les cuire à part de 8 à 10 minutes avec une noix de beurre dans une casserole. Ajoutez-les au risotto en fin de cuisson.

Avec du chocolat au lait aux noisettes, ce risotto sucré sera tout aussi savoureux. Dans ce cas, pensez à diminuer la quantité de sucre de 40 g.

# Risotto au chocolat

PRÉPARATION : 10 MIN
CUISSON : 45 MIN

POUR 4 PERSONNES

> 1 l de lait
> 140 g de sucre en poudre
> 1 cuill. à soupe de cacao en poudre
> 20 g de beurre
> 100 g de riz rond ou arborio
> 120 g de chocolat noir
> 1 cuill. à soupe de crème fraîche épaisse

Portez le lait à ébullition dans une casserole avec le sucre et le cacao.

Faites fondre le beurre dans une casserole. Ajoutez le riz, nacrez-le, puis versez la moitié du lait au cacao chaud dessus. Laissez cuire jusqu'à ce que le lait soit en partie absorbé par le riz (comptez environ 20 minutes).

Versez le reste du lait chaud et laissez cuire encore de 20 à 25 minutes, en remuant. Pendant ce temps, détaillez le chocolat en copeaux à l'aide d'un couteau et réservez-en 2 cuillerées à café pour la présentation.

À la fin de la cuisson du riz, ajoutez, hors du feu, la crème fraîche et les copeaux de chocolat. Mélangez pour bien en enrober le riz, laissez tiédir et servez le risotto parsemé des copeaux de chocolat réservés précédemment.

Pourquoi ne pas ajouter quelques morceaux d'orange confite en fin de cuisson avec la crème ? Votre risotto n'en sera que meilleur !

# Risotto à l'orange

PRÉPARATION : 20 MIN

CUISSON : 45 MIN

POUR 4 PERSONNES

> 2 oranges à jus
> 80 g de sucre en poudre
> 60 cl de lait
> 20 g de beurre
> 100 g de riz rond ou arborio
> 2 cuill. à soupe de crème fraîche épaisse

Prélevez le zeste de 1 orange et râpez-le. Faites chauffer le lait avec le zeste râpé et le sucre dans une casserole.

Faites fondre le beurre dans une autre casserole. Ajoutez le riz et nacrez-le.

Versez le lait au zeste d'orange chaud et faites cuire 30 minutes à feu moyen, en remuant jusqu'à ce que le lait soit absorbé par le riz. Pressez les oranges pour récupérer 15 à 20 cl de jus. Ajoutez le jus d'orange dans le risotto, mélangez, puis laissez cuire encore de 10 à 15 minutes.

À la fin de la cuisson, hors du feu, ajoutez la crème fraîche. Mélangez pour bien en enrober le riz. Laissez tiédir le risotto avant de le déguster.

# Risotto au lait d'amande

PRÉPARATION : 10 MIN

CUISSON : 45 MIN

POUR 4 PERSONNES

- > 1 l de lait
- > 10 cl de sirop d'orgeat
- > 120 g de sucre en poudre + 1 cuill. à soupe
- > 20 g de beurre
- > 100 g de riz rond ou arborio
- > 50 g d'amandes effilées
- > 120 g de framboises
- > 2 cuill. à soupe de crème fraîche épaisse
- > 50 g d'amandes en poudre

Chauffez le lait dans une casserole avec le sirop d'orgeat et 100 g de sucre.

Faites fondre le beurre dans une casserole. Ajoutez le riz, nacrez-le.

Versez la moitié du lait d'amande chaud. Portez à ébullition, puis faites cuire à feu doux jusqu'à ce que le lait soit absorbé par le riz (comptez environ 30 minutes). Ajoutez le lait chaud restant et prolongez la cuisson de 15 minutes. Pendant ce temps, faites griller les amandes effilées dans une poêle, avec 1 cuillerée à soupe de sucre et caramélisez les framboises à feu vif dans une autre poêle, avec le sucre restant.

À la fin de la cuisson du riz, ajoutez la crème fraîche et les amandes en poudre. Mélangez pour bien en enrober le riz. Laissez tiédir et servez avec les amandes effilées grillées et les framboises caramélisées.

# Risotto au gingembre et lait de coco

PRÉPARATION : 20 MIN

CUISSON : 40 MIN

POUR 4 PERSONNES

- > 25 cl de lait de coco
- > 75 cl de lait
- > 120 g de sucre en poudre
- > 10 g de racine de gingembre
- > 2 citrons verts
- > 20 g de beurre
- > 100 g de riz rond ou arborio
- > 30 g de noix de coco râpée
- > 1 cuill. à soupe de crème fraîche épaisse

Chauffez le lait de coco, le lait et le sucre dans une casserole. Râpez le gingembre. Prélevez le zeste de 1 citron, râpez-le et pressez les 2 citrons pour en récupérer le jus.

Faites fondre le beurre dans une casserole. Ajoutez le riz, nacrez-le.

Versez la moitié du mélange chaud de lait de coco-lait, ajoutez le gingembre râpé et le zeste de citron. Laissez cuire 20 minutes à feu moyen, jusqu'à ce que le lait soit absorbé par le riz. Ajoutez le lait chaud restant et laissez cuire encore 20 minutes. Pendant ce temps, faites griller la noix de coco râpée.

À la fin de la cuisson du riz, ajoutez le jus de citron, la crème fraîche et trois quarts de la noix de coco grillée. Mélangez pour bien en enrober le riz. Laissez tiédir le risotto avant de le servir parsemé du reste de noix de coco grillée.

Pour un accord parfait, accompagnez ce risotto aux fruits secs d'une compote de figues ou d'abricots.

# Risotto aux fruits secs

PRÉPARATION: 20 MIN

CUISSON : 45 MIN

POUR 4 PERSONNES

> 1 l de lait
> 150 g de sucre en poudre + 1 cuill. à soupe
> 1 cuill. à café de cannelle en poudre
> 60 g d'abricots secs
> 5 cl de rhum
> 40 g de raisins secs
> 20 g de beurre
> 100 g de riz rond ou arborio
> 50 g de noix de pécan
> 50 g d'amandes effilées
> 2 cuill. à soupe de crème fraîche épaisse

Chauffez le lait dans une casserole avec le sucre et la cannelle. Coupez les abricots en morceaux. Mettez les abricots et les raisins secs à gonfler dans le rhum.

Faites fondre le beurre dans une autre casserole. Ajoutez le riz et nacrez-le.

Versez la moitié du lait sucré dessus, puis laissez cuire 20 minutes environ, à feu moyen, jusqu'à ce que le lait soit absorbé par le riz. Ajoutez le lait chaud restant, laissez cuire encore de 20 à 25 minutes. Pendant ce temps, faites griller les noix de pécan et les amandes effilées dans une poêle avec 1 cuillerée à soupe de sucre.

À la fin de la cuisson du riz, ajoutez les fruits secs et l'alcool, la crème fraîche et la moitié des fruits secs grillés. Mélangez pour bien en enrober le riz, laissez tiédir le risotto et servez-le accompagné des fruits secs grillés restants.

Une texture crémeuse et fondante à souhait !

# Risotto vanillé au mascarpone et aux amarettis

PRÉPARATION : 10 MIN

CUISSON : 55 MIN

POUR 4 PERSONNES

- > 1 l de lait
- > 140 g de sucre en poudre
- > 1 gousse de vanille
- > 20 g de beurre
- > 100 g de riz rond ou arborio
- > 120 g de mascarpone
- > 4 macarons mous amaretti

Chauffez le lait dans une casserole avec le sucre et la gousse de vanille fendue en deux et grattée.

Faites fondre le beurre dans une autre casserole, ajoutez le riz et nacrez-le.

Versez la moitié du lait chaud avec la gousse de vanille sur le riz. Faites cuire 20 minutes à feu doux, jusqu'à ce que le lait soit absorbé par le riz. Versez le reste du lait chaud et laissez cuire encore 30 minutes environ.

À la fin de la cuisson, hors du feu, ajoutez le mascarpone et 3 macarons amaretti émiettés. Mélangez pour bien en enrober le riz. Laissez tiédir le risotto, répartissez-le dans des coupes, parsemez du dernier macaron amaretti émietté et dégustez.

**VARIANTE :** Vous pouvez aussi remplacer les amarettis par des macarons frais en petits morceaux.

## TABLE DES ÉQUIVALENCES FRANCE-CANADA

**POIDS**

| | | | | | |
|---|---|---|---|---|---|
| 55 g | 2 onces | 200 g | 7 onces | 500 g | 18 onces |
| 100 g | 3,5 onces | 250 g | 9 onces | 750 g | 27 onces |
| 150 g | 5 onces | 300 g | 11 onces | 1 kg | 36 onces |

Ces équivalences permettent de calculer le poids, à quelques grammes près (en réalité, 1 once = 28 g).

**CAPACITÉS**

| | | | |
|---|---|---|---|
| 25 cl | 9 onces | 75 cl | 26 onces |
| 50 cl | 17 onces | 1 l | 35 onces |

Pour faciliter la mesure des capacités, 25 cl équivalent ici à 9 onces (en réalité, 23 cl = 8 onces = 1 tasse).

Textes et recettes Valéry Drouet
Photographies Pierre-Louis Viel

Direction éditoriale Véronique DE FINANCE-CORDONNIER
Édition Julie TALLET
Direction artistique Emmanuel CHASPOUL
Mise en page Sylvie SÉNÉCHAL
Lecture-correction Joëlle NARJOLLET
Couverture Véronique LAPORTE
Fabrication Annie BOTREL

L'auteur remercie Jeannine Cros pour les tissus, Le Creuset pour la cocotte en fonte blanche, Ressource pour les peintures et Emmanuelle Wittmann pour ses jolies céramiques.



ISBN 978-2-03-584979-3

Photogravure Turquoise, Émerainville
Imprimé en Espagne par Graficas Estella, Estella
Dépôt légal : janvier 2010 – 303552/02 – 11017683 janvier 2012

ALASPARRA"